algo pasa en casa

EL DIVORCIO DE MIS PADRES

Gloria Mercedes Isaza Posse
María Elena López Jordán

ILUSTRACIONES DE
Daniel Rabanal

EDICIONES **B**
GRUPO ZETA

BARCELONA • BOGOTÁ • BUENOS AIRES • CARACAS • MADRID • MÉXICO D.F. • MONTEVIDEO • SANTIAGO DE CHILE

1.ª edición: noviembre 2010
1.ª reimpresión: agosto 2011

© De los textos: Gloria Mercedes Isaza Posse y María Elena López Jordán, 2008

© De las ilustraciones: Daniel Rabanal, 2008

© Ediciones B, S. A., 2010
Consell de Cent, 425-427 - 08009 Barcelona (España)

www.edicionesb.com

Printed in Spain
ISBN: 978-958-8294-65-0
Depósito legal: B. 23.269-2011
Impreso por: ROL-PRESS

un cambio en mi familia

Aunque muchos padres
se divorcian…
muchos niños a veces no
saben bien de qué se trata…

> "¡Cuando me lo dijeron
> no lo podía creer!
> Era como si viviera
> una pesadilla, pero
> mis padres me abrazaron
> y dijeron que, aunque
> no estuvieran juntos,
> iban a quererme igual.
> Puede que el divorcio
> de los padres sea muy duro,
> pero hay que entender
> sus razones porque
> lo último que ellos desean
> es hacernos daño"

SILVANA

LOS PROBLEMAS DE LOS PADRES

Algo ocurre en tu familia. No sabes cómo ni cuándo sucedió: tus padres empezaron a tener problemas que, con seguridad, trataron muchas veces de resolver, pero no pudieron superar. Por eso se veían más preocupados y distanciados que de costumbre, o se comportaban de manera diferente.

Como no pudieron solucionar sus problemas, tus padres pensaron que vivir separados era lo mejor para todos y decidieron divorciarse. Puedes tener la seguridad de que para ellos no ha sido fácil tomar esta decisión, ni lo hicieron de la noche a la mañana, pues saben lo difícil que será para toda tu familia, comenzando por ellos mismos.

¿Cómo te enteraste?

Muchos niños se enteran del divorcio porque sus padres conversan con ellos y les cuentan que han decidido vivir separados. Pero no siempre es así: a veces es uno de los dos quien lo dice sin que esté el otro presente, o cada uno habla por separado con los hijos. También puede suceder que los niños escuchen a sus padres conversando sobre la separación, que se enteren porque alguien cercano se lo cuenta, o que al llegar a casa y no encontrar a uno de sus padres, sea el otro quien se lo diga.

Quizás a ti te haya pasado algo parecido, o tal vez te hayas enterado de alguna otra forma. De cualquier manera, es un momento difícil para todos, en el que pasan muchas cosas. Puede que tus padres se sientan tristes, lloren o se queden callados, pero también es posible que estén tranquilos. Tú puedes romper en llanto, estar molesto o sentir rabia; o no querer decir ni oír nada más sobre el tema, y sentirte indiferente frente a todo lo que sucede. O es posible también que te sientas aliviado, pues no es fácil vivir con unos padres que ya no se llevan bien.

Estas reacciones son normales y podrían aparecer durante varios días, semanas, meses; todo dependerá de la manera en que tú y todos los miembros de tu familia afrontéis estos nuevos cambios en vuestras vidas.

¿Qué va a pasar ahora?

Aunque en este momento quisieras saber todo lo que va a ocurrir y cómo será la vida de tu familia de ahora en adelante, no siempre es posible: si cuando conversan contigo tus padres no han definido cómo serán las cosas (adónde va a mudarse uno de ellos, qué días estarás con el padre que se va), no podrán decirte nada preciso; pero, si tus padres lo organizaron todo antes de hablar contigo, podrás tener algunos (o muchos) detalles de cuáles serán los cambios.

Éste es el comienzo de una nueva etapa en tu vida y la de tu familia. Con el tiempo te irás adaptando a los cambios: puede que algunos sean más fáciles de aceptar que otros, e incluso es posible que te den alegría y tranquilidad, aunque no estuvieran en tus planes.

¿QUÉ ES EL DIVORCIO?

Cuando tus padres se fueron a vivir juntos, casados o en unión libre, se comprometieron mutuamente a vivir en la misma casa, compartir sus cosas y no tener otra pareja. Ahora que han decidido separarse, están terminando ese compromiso: **van a vivir en casas diferentes, no compartirán más sus cosas y tendrán la libertad de poder convivir con otra persona si así lo desean. De ahora en adelante, seréis una familia que vive en dos casas**.

El hecho de que tus padres no estén juntos puede llamarse de diferentes maneras. La palabra **separación** se refiere a la decisión de los padres de vivir en casas diferentes; y la palabra **divorcio** es el término legal que se utiliza para referirse a la finalización del matrimonio cuando papá y mamá firman los papeles que dan por terminado el compromiso que hicieron. Para la familia, ambas palabras significan un cambio en su forma de vida, y por ello usamos en este libro las dos palabras.

La separación es una pérdida importante para todos: para tus padres significa no estar más con su pareja y para ti significa que ya no podrás vivir con los dos en la misma casa. **El divorcio transforma la vida de tu familia**: aunque de ahora en adelante compartas muchos momentos con papá y mamá, ya no estaréis siempre todos juntos.

Un tema difícil de hablar

Como le sucede a la mayoría de los niños, al enterarte de la decisión quizá te sea difícil hablar sobre el divorcio de tus padres. No sabes cómo van a reaccionar los demás y sientes miedo. O más allá del miedo, tal vez no quieras hablar del tema, pues consideras que forma parte de tu vida privada y no deseas compartirlo con nadie. Sin embargo, hablar sobre lo que te ocurre es necesario para que comiences a sentirte mejor.

Para hablar del divorcio con los demás:

- Conversa del tema con tus amigos y personas cercanas cuando te sientas cómodo.

- Primero cuéntaselo a alguien de toda confianza: tu mejor amigo, un tío, una profesora.

- Cuenta sólo lo que quieras. Si no quieres dar detalles, no lo hagas, simplemente di que tus padres han decidido divorciarse porque las cosas entre ellos dos no iban bien.

- Afronta el miedo a la reacción de tus amigos. Ellos no tienen por qué cambiar contigo. Al contrario, muchos te apoyarán en este momento. Además, puede ser una excelente oportunidad para compartir experiencias con amigos que también tienen padres separados.

Antes de hablar con otros sobre el divorcio de tus padres, es importante que converses primero con ellos. Esto te permitirá no sólo saber cómo cambiará tu vida y la de tu familia, sino también conversar sobre lo que sientes y lo que te molesta. Puedes hacerles preguntas directas (¿dónde voy a vivir? ¿dónde viviréis vosotros? ¿cuándo voy a ver al que se va?), aunque quizás ellos tampoco tengan las respuestas en este momento. De ser así, espera a que haya pasado un tiempo y estén más tranquilos para volver a conversar con ellos.

Historia del divorcio

El divorcio es tan antiguo como el matrimonio. En algunas civilizaciones, como la de la antigua Babilonia, o la azteca, era posible divorciarse y volverse a casar. Pero en otras, esto no era aceptado debido a creencias religiosas, sociales o económicas. Es el caso de los pueblos católicos, que a partir de 1565 consideraron, en el Concilio de Trento, que el matrimonio era para toda la vida y que las parejas se podían divorciar únicamente si probaban situaciones especiales como, por ejemplo, una enfermedad mental de alguno de los dos esposos. En ese tiempo, cuando los padres se separaban y no se podían volver a casar, la custodia de los hijos se daba por lo general al hombre, ya que la mujer no trabajaba y no se le reconocían sus derechos ni la capacidad para hacerse cargo de sus hijos. En el siglo XIX se autorizó el divorcio para algunos casos (entre ellos la infidelidad) en países como Francia e Inglaterra; y hace pocos años se aprobó allí el divorcio por acuerdo mutuo. En ese momento, la mujer había empezado a trabajar y la Ley le reconocía el derecho a votar, a administrar sus bienes, y se le permitió obtener la custodia de los hijos. Actualmente, en muchos países del mundo, como Colombia, Venezuela, México, España y Estados Unidos, las parejas tienen la posibilidad de decidir si se quieren divorciar.

¿POR QUÉ SE DIVORCIAN LOS PADRES?

No es fácil aceptar que tus padres hayan tomado la decisión de separarse, y que lo ocurrido entre ellos, aunque afecta a toda tu familia, sea parte de su vida de pareja.

Es posible que pienses en las razones del divorcio de tus padres, y es normal que imagines algunas cosas, te hagas muchas preguntas y trates de entender lo que realmente ocurrió.

Puede suceder que después de conocer el motivo de la separación de tus padres, quieras averiguar todos los detalles (por ejemplo, por qué papá y mamá ya no están enamorados). Más que conocer todos los pormenores, lo importante ahora es **aprender a respetar y aceptar la decisión, aun cuando no estés de acuerdo y te duela**. Tratar de entender los detalles de lo que sucedió puede causarte mayor dolor y hacer que inviertas mucho tiempo en comprender los problemas de otros, aunque los "otros" sean tus padres.

¿Quién tomó la decisión?

Pudo haber sucedido que papá y mamá decidieran juntos que era mejor separarse, o que sólo uno de ellos haya querido la separación. Seguramente tus padres se sienten muy tristes por no poder continuar viviendo juntos, y les duele el sufrimiento que puedan causarte con esta decisión.

¿Quién dice la verdad?

A veces ocurre que las explicaciones de tus padres son diferentes. Es posible que se culpen entre sí por lo sucedido: tal vez papá diga que mamá se enamoró de otra persona y mamá que él trabajaba mucho. No tratan de engañarte: ambos creen que sus razones son ciertas. Cada uno tiene su propio punto de vista, y todo, sin duda, depende de la manera en que cada uno haya vivido el matrimonio y la decisión de separarse. Por eso debes respetar sus razones sin ponerte en la difícil situación de tener que apoyar a alguno de los dos.

¿Se separaron por mí?

Hay niños que piensan que ellos fueron la razón del divorcio de sus padres. Pero no es verdad: **los padres no se divorcian por culpa de los hijos.** El divorcio no ocurrió porque llegaste a desearlo en algún momento, ni por algo que hayas imaginado, dicho, hecho o dejado de hacer. Aunque a veces tus padres se hayan peleado por algo relacionado contigo ("¿por qué le diste permiso si debe hacer los deberes?"), o alguno de tus amigos esté convencido de que sus padres se divorciaron porque le fue mal en el colegio o porque discutió con ellos, el divorcio no es culpa tuya. **El divorcio es una decisión de adultos para afrontar dificultades de adultos.**

Algunos de los motivos del divorcio de los padres son:

● El amor entre ellos ha cambiado, ya no se quieren de la misma forma que cuando se casaron.

● No están en condiciones de solucionar los problemas que se presentan en su vida de pareja.

● Con el tiempo, los dos han cambiado, sus gustos son diferentes y no tienen cosas en común para compartir.

● Alguno de los dos, o ambos, se ha enamorado de otra persona.

● Uno de los dos, o ambos, no pudo cumplir con sus responsabilidades o no logró superar sus adicciones, como el alcohol o las drogas, por ejemplo.

● Alguno de los dos, o ambos, tratan al otro con agresividad o falta de respeto.

Pero entonces, ¿de quién es la culpa?

Puedes pensar que alguno de tus padres es el culpable de lo que ocurrió. Pero no se trata de buscar culpables, pues ni papá ni mamá hicieron algo a propósito para que el otro no se sintiera feliz. Ambos son responsables de lo que pasó. Es como cuando tú peleas con un amigo: ambos participáis en la pelea y, por lo tanto, ambos sois responsables de lo sucedido.

¿Qué debo hacer yo? ¿Puedo hacer algo?

Es normal que pienses que puedes hacer algunas cosas para cambiar la decisión de tus padres. E incluso llegar a creer que has encontrado una solución en la que ellos no han pensado. Aunque estos deseos tienen un buen propósito, la decisión que han tomado tus padres no depende de algo que tú hagas o dejes de hacer.

¿Por qué no pueden perdonarse y seguir juntos?

Cuando los padres se separan, la relación entre ellos no va bien y no se trata tan sólo de superar una discusión. Tus padres pueden perdonarse, pero esto no significa que su relación pueda continuar. Este perdón les ayudará a sentir menos rabia, a llevar una vida más tranquila y tratarse con respeto y amabilidad después del divorcio.

Es frecuente que muchos niños piensen que sus padres son capaces de resolver todas las dificultades, y por esto no entienden que llega un momento en que deciden separarse por no hallar la manera de solucionar sus problemas.

¡Para estar más tranquilo!

1

Siéntate o recuéstate cómodamente. Cierra los ojos. Tensa todo tu cuerpo como si fuera de hierro y pesara tanto que no pudieras levantarlo. Luego suéltalo como si fuera de trapo y fuera muy liviano, como una hoja. Repítelo tres veces.

2

Pon toda la atención en tu pecho. Respira profunda y lentamente, sin hacer ningún esfuerzo, contando hasta 5 cuando tomas aire y hasta 5 cuando lo echas. Siente cómo el aire entra hasta la parte más profunda de tus pulmones, llevando una sensación de calma y tranquilidad a todo tu pecho. Recuerda a una persona que quieras mucho y con la que te sientas seguro. Disfruta de esa sensación de amor y tranquilidad, llenando todo tu pecho mientras respiras profundamente. Hazlo diez veces. Esto te producirá calma y bienestar.

¿QUIÉN VIVE CON QUIÉN?

Aun cuando papá y mamá quisieran poder vivir todo el tiempo contigo, y tú con ellos, esto ya no es posible. Ahora ellos deben definir cómo va a ser tu vida en dos casas.

La decisión más importante que toman tus padres cuando se divorcian es cómo repartirán los días que vives en cada casa y el tiempo que vas a estar con cada uno. A este acuerdo se le llama **custodia**. En este momento, tus padres deben pensar en lo que será mejor para ti y para ellos: quién podrá pasar más tiempo contigo, en qué casa estarás más cómodo, quién vive más cerca de tu colegio, con cuál de los dos te llevas mejor.

Puede suceder que tus padres decidan que debes **vivir la mayor parte del tiempo con uno de ellos**. Es posible que vivas más días con mamá y estés con papá un día de la semana y un fin de semana cada quince días. Generalmente las vacaciones, los días festivos y las fechas especiales se reparten por igual entre los dos. En otros casos, tus padres podrían acordar que lo mejor para ti es **vivir el mismo tiempo con cada uno de ellos**. Esto significa que pasarás la mitad del tiempo en una casa y el resto en la otra. Puede que el cambio se haga por semanas, meses o años, o que vivas unos días en cada casa. A este arreglo se le llama **custodia compartida**. Y en algunos casos los padres pueden decidir que **unos hijos vivan con papá y otros con mamá**. Esto significa que tú y tus hermanos ya no viviréis todo el tiempo juntos.

Si te preguntan…

Quizás ocurra que tus padres te pregunten con cuál de los dos quieres vivir la mayor parte del tiempo. Si no existe una razón especial que te haga difícil vivir con uno de ellos, deja que sean papá y mamá quienes tomen la decisión. Si lo haces tú podrías sentirte mal con alguno de tus padres, pues al escoger a uno necesariamente estarás dejando solo al otro.

A veces los padres necesitan ayuda

Si tus padres no consiguen ponerse de acuerdo, es posible que busquen la ayuda de otra persona, que puede ser un psicólogo o un abogado. Si de esta manera tampoco lo logran, quizás acudan a un juez de familia para que determine lo que se debe hacer.

Este juez es una persona que trabaja en el tribunal o en el juzgado, que revisa tu caso, decide cómo se va a repartir el tiempo para vivir con cada padre y qué debe aportar cada uno para que estés bien y no te falte nada.

Quizás el juez quiera hablar contigo antes de tomar la decisión y pida a tus padres que te lleven un día a conversar con él. Te hará preguntas sobre cómo es tu familia, quién está en casa cuando regresas del colegio o quién te ayuda con tus deberes. Puede que sientas un poco de miedo por tener que hablar de esos temas tan íntimos con un extraño, pero recuerda que su objetivo es ayudarte. Por eso debes decirle siempre la verdad y no lo que otros quieran que digas.

Los acuerdos a los que llegan los padres cuando deciden la custodia traen muchos cambios para ti:

- Tendrás que ajustar tu horario de acuerdo a la casa en la que vas a estar.

- Tus vacaciones estarán repartidas entre papá y mamá.

- Es posible que pases menos tiempo con uno de tus padres y que cambien las actividades que realizáis juntos.

- Quizás la situación económica cambie y ahora tengan menos dinero, pues tus padres deben mantener dos casas.

- Puede que papá o mamá deban empezar a trabajar más y tengan un horario diferente para estar contigo.

Tú puedes hacer muchas cosas para adaptarte a los cambios:

1 Cambia los pensamientos negativos por otros positivos. Cuando aparezcan los pensamientos negativos di "basta" y empieza a pensar, por ejemplo: "Es divertido vivir en dos casas", "mis padres me quieren y siguen pendientes de mí" o "tengo buenos planes con mamá para el fin de semana".

2 Haz una lista de lo que tienes ahora y no te quedes pensando en lo que perdiste con el divorcio.

3 Pon tu cerebro a trabajar en algo diferente: si dedicas mucho tiempo a pensar en lo que ha pasado en tu familia, empieza a hacer algo distinto como leer un libro, ver una película o jugar.

4 Trata de entender que aceptar los cambios lleva tiempo.

5 Muéstrate más dispuesto a afrontar lo nuevo.

6 No pienses sólo en el pasado, sino también en que cada día habrá algo bueno para ti.

7 Convéncete de que siempre podemos hacer algo para sentirnos mejor.

LA FAMILIA NO SE ACABA, SE TRANSFORMA

Con el divorcio, la familia cambia su forma de vida. Ahora serás parte de una familia que vive en dos casas.

Antes del divorcio, tus padres eran una unidad; cuando pensabas en ellos lo hacías como si se tratase de uno solo: "Mis padres". Ahora que están separados los tienes a cada uno aparte, y posiblemente descubras muchas cosas que no conocías de ellos… Puede que te des cuenta de que mamá es excelente para reparar cosas rotas y que papá es un gran cocinero.

Con el divorcio se termina el matrimonio de tus padres, pero tu familia continúa existiendo. La familia es el grupo que forman un hombre y una mujer cuando tienen uno o varios hijos. Por eso, aunque la relación de pareja de tus padres termine, tu familia no se acabará nunca. El divorcio trae muchos cambios, pero hay algo esencial que, con el esfuerzo de todos, permanece a través del tiempo:

Diferencia entre matrimonio y familia

Matrimonio: es la decisión que toman dos personas adultas de compartir su vida y vivir juntas en la misma casa.

Familia: es el grupo que se forma cuando un hombre y una mujer tienen un hijo. Por eso aunque la relación matrimonial termine, la familia nunca se acaba.

Hay varios tipos de familia: unas son pequeñas y otras grandes. Hay familias en las que:

- Papá, mamá y los hijos viven en una misma casa.

- Los padres están separados y viven con sus hijos en dos casas. A estas familias también van a pertenecer las nuevas parejas de los padres, y los hijos que éstas hayan tenido en un primer matrimonio.

- Existe un solo padre cuando las familias están formadas por un solo padre y sus hijos. Por ejemplo, cuando papá o mamá han muerto, o cuando un padre soltero adopta un hijo.

lo que vives y compartes con tus padres y tus hermanos; con ellos conversas sobre lo que ha pasado, cómo te sientes, tus planes, tus deseos, las cosas que te gustan… Cuando quieres divertirte y estar acompañado, juegas con ellos. Nada de esto tiene que desaparecer, pues aunque ya la familia no esté junta, en ambas casas seguiréis compartiendo actividades como comer juntos, conversar, ver películas, ir de vacaciones o hacer deporte. También habrá momentos, como las celebraciones especiales o fechas importantes, en que si todos ponéis algo de vuestra parte podréis reuniros en familia.

El objetivo antes, durante y después del divorcio es el mismo: que todos los miembros de la familia formen un buen equipo para ayudarse en las situaciones difíciles, disfrutar de los buenos momentos y celebrar todos los logros. **Tú ayudas en la transformación y construcción de tu familia.**

¿cómo se siente la familia?

El divorcio es como un huracán... primero la tempestad y después la calma...

"Al principio no sabes qué está pasando y te da pena porque ya no estás con tus dos padres a la vez como antes. Tampoco entiendes por qué tus padres están tristes y enfadados si ellos fueron quienes decidieron separarse. Hablar muchas veces nos hizo entender que todos teníamos que aprender cómo es la nueva vida separados"

MARÍA

UN MIEDO DE TODOS

Los padres dicen "te quiero" cuando:

- Dan abrazos, besos o palmaditas en la espalda.

- Dicen "te quiero mucho, lo has hecho muy bien" o "te extraño".

- Corrigen a través de frases como "puedes hacerlo mejor" o "eso no está bien".

- Comparten tiempo con sus hijos, juegan con ellos, los acompañan si están enfermos o escuchan todo lo que les pasó en clase.

- Hacen muchas cosas por ellos: los llevan a casa de sus amigos, les preparan su desayuno favorito.

- Les compran lo que necesitan, les traen un dulce de la oficina y les dan regalitos.

Es posible que una vez tus padres se han separado, temas que tu familia se termine y que el amor que papá y mamá sienten por ti cambie o se acabe. Quizá pienses que si ellos ya no se quieren igual, dejen también de quererte, y te asuste la idea de que vas a quedarte solo, o no volverás a ver al que se mudó de casa; que el padre con quien vives la mayor parte del tiempo también se marche o no puedas visitar a tus abuelitos.

El miedo puede hacer que llames mucho a padre para saber si te vendrá a buscar, o que inventes disculpas para que mamá no se vaya de tu lado; o que no puedas concentrarte bien en el colegio o irte tranquilo de vacaciones.

Este miedo se conoce como **miedo al abandono**: es el temor que experimentamos cuando las personas que nos quieren y nos protegen ya no están cerca y sentimos que vamos a quedarnos solos.

También puedes sentir este miedo cuando crees que tus padres ya no son tan cariñosos contigo o no te dicen tantas veces "te quiero" como antes; o cuando tu padre se demora o no puede hablar contigo desde la oficina, y te preguntas "¿será que ya no le importa?". **Aunque la forma en que te expresan el amor puede ser diferente porque lo hace cada uno por separado, eso no significa que te quieran menos o que se vayan a alejar de ti.**

Lo que puedes hacer para afrontar el miedo

Primero conócelo

- Cierra los ojos, imagina la forma que tiene tu miedo, de qué color es, cuál es su tamaño, a qué huele y qué sonidos o ruidos hace. Luego ponle un nombre y dibújalo.

- Identifica los momentos en los que le gusta aparecer y qué cosas lo hacen desaparecer.

- Cierra los ojos, imagina que tu miedo se convierte en un animal amable que puedes abrazar.

- Escribe un cuento sobre ese miedo.

- Pregunta a tus padres sobre los miedos que tuvieron cuando eran niños y cómo los superaron.

Después derrótalo

- Abraza a tus padres y dile a cada uno "te quiero".

- Encuentra un lugar donde te sientas seguro, por ejemplo, tu cuarto. Imagina que estás allí cuando tengas miedo.

- Lleva siempre contigo una foto pequeña de tus padres. Mírala cuando sientas miedo.

- Inventa chistes sobre tu miedo. Ríete de él.

- Cierra los ojos e imagina que eres un muñeco de nieve que se derrite bajo el sol, y que cada gota de agua que cae se va llevando tu miedo. Así, cuando se derrita completamente la nieve sólo quedarás tú, sin miedo, sintiéndote tranquilo y seguro.

- Juega con tu mascota. Si no la tienes, ¡puede ser un buen momento para encontrar una!

MIEDO: del latín *metus*

El miedo es la respuesta protectora de nuestro organismo frente a una situación, real o imaginaria, que nos pone en peligro. Cuando tenemos miedo sentimos como si tuviéramos un animal revoloteando en el estómago. Las causas pueden estar fuera de nosotros, como cuando te enfrentas a un perro furioso, o dentro, cuando sentimos miedo de quedarnos solos, por ejemplo.

UNA MEZCLA DE SENTIMIENTOS

Además del miedo, durante el proceso de divorcio es posible que afrontes otros sentimientos: es como si estuvieras en una montaña rusa, pues hay momentos en los que te sientes tranquilo y alegre y otros en los que aparecen la tristeza y la rabia. Cuando pierdes algo importante es normal que sientas estas emociones; verás que con el tiempo se van calmando y volverás a sentirte bien. Sin embargo, para lograrlo debes aprender a conocer estos sentimientos, saber cuándo aparecen y qué te hacen sentir; después podrás aprender algunas fórmulas para poder controlarlos.

TRISTEZA

Puedes sentir **tristeza** al pensar que habéis dejado de vivir todos juntos, porque extrañas a uno de tus padres, o cuando debes hacer solo o con otro adulto lo que antes compartías con papá o mamá. También en los momentos en que ves pelear a tus padres, o al despedirte de uno para estar con el otro.

Cuando te sientes triste es posible que quieras llorar, estar solo en tu cuarto, no hacer nada, quedarte horas viendo televisión o ponerte violento con todos sin saber por qué.

La expresión más importante de la tristeza es el llanto. Llora tranquilamente, pues te ayudará a calmar el dolor y hará que te sientas mejor.

TRISTEZA: del latín *tristis*

Es la manera como se siente una persona frente a un acontecimiento real o imaginario que le resulta doloroso. Es como si tuvieras arrugado el corazón. Produce un estado de ánimo caracterizado por el deseo de llorar y tener poco interés en realizar actividades. Cuando te sientes sin ánimo para hacer algunas cosas, con deseos de llorar y no puedes disfrutar lo que antes te parecía divertido, seguramente estás triste.

Pasos mágicos contra la tristeza

Conócela

● Si ves una película triste y quieres llorar, hazlo con tranquilidad.

● Lee cuentos que hablen de divorcio.

● Escribe un cuento sobre lo que ha sucedido en tu familia.

● Identifica en qué momentos aparece y desaparece la tristeza y qué haces en cada uno de ellos.

Cálmala

● Busca la compañía de un amigo que te haga reír.

● Mira una película o lee un libro divertido que te distraiga.

● Haz una sesión de chistes con papá o mamá.

● Prepara la receta que más te gusta.

● Practica tu deporte favorito.

● Escucha música que te relaje y te haga sentir bien.

RABIA Otro de los sentimientos que podría aparecer es la **rabia**. Cuando empiezas a pelearte con tus amigos, a discutir con tus padres y profesores, subes el volumen de tu voz al hablar, o quieres dar golpes, lo más posible es que estés experimentando rabia.

Puedes sentir rabia por no estar de acuerdo con la decisión que han tomado tus padres, porque no te consultaron antes, cuando

> **RABIA: del latín *rabies***
>
> Sentimiento de antipatía hacia una persona o cosa. Enfado, furia, violencia. La rabia surge cuando no podemos tener algo que queremos; se siente en algún lugar del cuerpo: en el pecho, el estómago o la cabeza, como una hoguera que arde dentro de nosotros.

piensas que uno de los dos fue el responsable de la ruptura o no entiendes por qué esto te pasa a ti.

Vacunas contra la rabia

- Habla con alguien sobre las cosas que te dan rabia.

- Haz muecas y ruidos de animal rabioso.

- Golpea una almohada o un cojín.

- Patea un balón en el jardín.

- Haz algún ejercicio físico como correr, montar en bicicleta, nadar o jugar al fútbol.

- Grita en un lugar abierto y solitario.

- Escribe una carta con todas las cosas horribles que se te ocurran. Luego destrúyela completamente.

Véncela

- Cambia tu deseo de tener a tus padres juntos por el de disfrutar los momentos que pasas con los dos.

- Relaja todos tus músculos.

- Respira profundamente tres veces cuando aparezca la rabia.

- Cuenta hasta diez antes de estallar.

ALEGRÍA Y TRANQUILIDAD

Asimismo, es normal que sientas **alegría** y **tranquilidad** cuando tus padres se divorcian. Las razones pueden ser que ahora el ambiente de tu casa es más tranquilo, ya no hay más discusiones.

Puedes sentir alegría y tranquilidad porque tus padres después de la separación se acercaron más a ti, están más pendientes de tus cosas y se divierten contigo; o porque los dos están tranquilos y la relación entre papá y mamá es ahora más respetuosa y amable.

ALEGRÍA: del latín *alacre*

La alegría es una sensación agradable en todo tu cuerpo que te hace ver todas las cosas con un brillo especial. Aparece cuando obtienes algo que deseas. Una de las expresiones de la alegría suele ser la risa. Cuando estamos contentos disfrutamos de lo que nos sucede y nuestro sentido del humor funciona de maravilla.

La alegría y el buen humor son la mejor receta para disfrutar al máximo de todo lo que nos rodea. Cuando estás feliz hablas como una cotorra, abrazas como un oso y cantas como un canario.

Si no empiezas a sentirte mejor

Muchas veces necesitamos conversar sobre lo que nos pasa con alguien que no sea de la familia. Para eso han estudiado los consejeros, psicólogos, psiquiatras. Ellos son como unos médicos de los sentimientos, con quienes puedes hablar de lo que sientes y obtener respuesta a las preguntas que tal vez no te atrevas a hacer a tus padres. Además, estas personas tienen el compromiso de no decir a nadie lo que tú les has contado. Tus padres y tú podéis pensar que es bueno que hables con un médico de los sentimientos cuando te sientes muy triste y no quieres hacer nada, no puedes dormir bien, no tienes ganas de comer o estás comiendo demasiado. También, cuando la rabia es tan fuerte que discutes y peleas por todo y con todos, estás muy impaciente e irritable, te empieza a ir mal en el colegio porque no te puedes concentrar, sientes mucho miedo de lo que pueda pasar, estás convencido de que tus padres no te quieren, o enfermas con frecuencia.

CÓMO SE SIENTEN LOS PADRES

Cuando tus padres se divorcian dejan de ser pareja pero siguen siendo padres; por eso ambos se relacionarán de una manera diferente. No todos los padres se tratan igual una vez se han separado: quizá puedan mantener una relación **amable y respetuosa** durante y después de la separación o, por el contrario, se relacionen de una manera **conflictiva y difícil**, es decir, que continúen discutiendo y no puedan dejar de pelearse, como antes del divorcio. Puede ocurrir también que la relación sea **distante y de poca comunicación**, sin mostrar ningún interés mutuo y ocasionando encuentros tensos para todos. O tal vez suceda que ni siquiera se vuelvan a hablar porque la relación se encuentra **totalmente rota**. El divorcio no soluciona automáticamente las dificultades entre los padres, e incluso hace que aparezcan nuevos problemas. Lograr que una relación conflictiva deje de serlo requiere de tiempo, paciencia y esfuerzo por parte de tus padres.

Quizás ellos no se comporten como lo han hecho siempre y hasta llegues a pensar que parecen otros. Esto hace que la relación que tienes con ellos también pueda cambiar, transformarse: a veces puede parecer problemática o es posible que mejore.

No es igual con los dos

Con el esfuerzo de todos y con el paso del tiempo, las cosas volverán a estar en su lugar. Todo depende de tu actitud y de la forma en que tus padres asuman lo que está ocurriendo en sus vidas.

Podrías sentir que la vida con el padre con quien pasas la mayor parte del tiempo es rutinaria y aburrida: debes estar constantemente cumpliendo con deberes y comportándote bien; en cambio, cuando estás con tu otro padre, la vida parece más entretenida y variada; o puede suceder que las cosas sean al revés: que lo pases muy bien con el padre con quien vives y que estar junto a tu otro padre no fluya como quisieras. Uno de tus padres podría parecerte intenso y estricto, mientras que el otro es tranquilo y divertido.

Si la relación con tus padres o con uno de ellos ya no es tan buena como antes, piensa en que deben estar confundidos pues no es sencillo lo que están viviendo: deben reorganizar su vida y apoyarte al mismo tiempo. **Por eso es importante que siempre tengas presente que tus padres deben cuidar de ellos mismos y que para estar bien necesitan tiempo, apoyo y aprender a vivir con todos estos cambios.** Por eso, hacer cosas como darles un beso y un abrazo, ver juntos una película divertida, invitarlos a un partido de fútbol, o dejarlos participar en ese videojuego en el que siempre pierden, será de gran ayuda.

Cómo afrontar momentos difíciles con los padres

Es posible que tengas dificultades y peleas con tus padres y no sepas cómo resolverlas. Aprender a solucionar los conflictos te será útil no sólo en la relación con tus padres sino también con todas las personas que te rodean. Te damos algunas recomendaciones:

1 Reconoce que estás frente a una situación que no sabes cómo resolver.

2 Aprende a calmarte y a no dejar que la discusión llegue a una gran pelea. Tómate un tiempo solo y respira hondo hasta que logres tranquilizarte.

3 Escucha con atención las razones de mamá o papá, no sólo las tuyas.

4 Di lo que sientes y piensas. Con respeto y amabilidad haz saber a papá o a mamá cómo te sientes y qué piensas sobre lo que ocurre.

5 Busca posibles soluciones al conflicto. Existen muchas soluciones, aunque sólo veamos una. Pon a trabajar tu imaginación: encontrarás nuevos caminos para resolver el conflicto.

6 Conversa sobre las soluciones que ofrece cada uno y escoged juntos la que os parezca mejor a ambos.

7 Pon en práctica la solución y mira qué pasa. Durante una semana ensaya esta nueva estrategia y al final evalúa los resultados con papá o mamá.

8 Piensa en lo que has aprendido y para qué te ha servido la dificultad que has vivido.

¿PUEDEN VOLVER A ESTAR JUNTOS?

Es mejor vivir en dos casas que en una sola donde se pelea y se discute todo el tiempo.

La mayoría de los hijos de parejas separadas tienen la ilusión de que sus padres solucionen sus dificultades y puedan vivir juntos y felices para siempre. Quizás esto te ocurra a ti también: imaginas qué hacer para que esto suceda… organizas una cena sorpresa, les pides que se junten de nuevo o te haces el enfermo para que se reúnan y te cuiden.

Pero, en general, son pocos los padres que deciden volver a estar juntos. En la mayoría de los casos la separación es definitiva y, como el divorcio es una decisión de tus padres, tú no puedes intervenir porque nada depende de ti: **de la misma manera que no se separaron por tu culpa, no van a estar juntos de nuevo por el hecho de que tú hagas algo para que así sea**.

Qué hacer si el deseo de que estén juntos es muy fuerte

Habla con otros niños, amigos o compañeros que tengan padres divorciados, y cuéntales lo que piensas

Probablemente ellos también han deseado que sus padres vuelvan a estar juntos. Pídeles que te cuenten cómo llegaron a entender que las dificultades entre sus padres no tenían solución.

Di a tus padres lo que sientes

No tengas pena o miedo de contar a papá y a mamá tu deseo y consúltales tus dudas. Si te explican que el divorcio es para siempre, debes aceptar que ésta es la decisión final, y dejar de soñar con que vuelvan a estar juntos.

Cambia de gafas

Cuando el deseo de que tus padres estén juntos es muy fuerte, quizá tengas puestas unas gafas oscuras que sólo te permiten ver lo negativo de la separación. Pero, si cambias tus gafas por unas claras, lograrás ver también las cosas buenas que te ha traído. Puede que descubras que ahora te ríes más con papá, que conversas más con mamá o que tú y tus hermanos jugáis al monopoli los sábados por la noche.

¿cómo se sienten los demás?

Muchas personas sienten el divorcio de los padres…
los abuelos, los tíos, los primos y hasta los mejores amigos.

"Aunque mis abuelos se pusieron tristes con la noticia del divorcio de mis padres, mi hermano y yo seguimos visitándolos, almorzando con ellos, y algunas veces nos invitan a dormir en su casa. También nos vienen a ver cuando estamos enfermos y vamos al cine con el abuelo. Ahora los llamamos más"

JERÓNIMO

EL DIVORCIO Y LOS AMIGOS

La amistad es y será algo muy importante y valioso en tu vida. Los amigos de verdad son los que te acompañan en los buenos y en los malos momentos.

Tus amigos pueden tener diferentes reacciones frente al divorcio de tus padres. Muchos de ellos se preocuparán por ti y por lo que sientes. Algunos querrán saber qué pasó, por qué tus padres tomaron la decisión, y te harán preguntas: puedes contarles lo que desees o decirles que no quieres tocar el tema, pues prefieres hablar de algo diferente.

Es posible que, por todos los cambios que están ocurriendo en tu vida, te muestres irritable e impaciente con tus amigos y discutas con ellos más que antes. Incluso podrían molestarte ciertos comentarios.

Puede suceder que tus amigos no sepan qué hacer, qué decir o cómo actuar contigo en este momento de tu vida. Esto puede llevarlos a estar demasiado pendientes de tus cosas o, al contrario, a alejarse un poco de ti. Aunque es poco frecuente, si esto llegara a suceder, intenta comprenderlo y busca la compañía de otros niños.

Puede ocurrir que oigas de tus amigos comentarios que te duelan como, "el padre los dejó", "se quedaron sin casa", "ya no tienen dinero" o "menos mal que mis padres siguen casados". Ellos no lo hacen con mala intención: **es posible que tus amigos no tengan palabras para hablar del divorcio**. Cuando se expresen de manera que te afecte, diles que no quieres que lo vuelvan a hacer. También explícales por qué están equivocados, y hazles saber (es posible que no lo sepan) que tener a los padres separados trae cosas positivas como vivir sin peleas, tener a cada uno de tus padres sólo para ti, recibir doble regalo de cumpleaños y, ¡disfrutar de dos vacaciones en lugar de una!

Enseña a tus amigos a hablar del divorcio

Hasta hace algunos años, no era posible divorciarse. Entonces no se necesitaban palabras para referirse a los cambios que trae la separación. Los tiempos han cambiado: hoy en día el divorcio es una situación que viven muchas familias. Por eso existen nuevas formas para hablar de lo que pasa cuando los padres se separan:

- Mi familia ha cambiado, ahora vivimos en dos casas.

- Mi padre se ha mudado a su nueva casa.

- Mis padres están separados y yo vivo con los dos.

- Yo sigo contando con papá y mamá,

- Papá y mamá ya no son una pareja, sino un par de padres.

Para afrontar momentos difíciles

Benjamin Zander, músico de talento que dirige la Orquesta Filarmónica de Boston, dice que tenemos tres opciones para afrontar las situaciones que se presentan en nuestras vidas:

1

Dejar que sucedan sin hacer nada. Por ejemplo, quedarte callado cuando tus amigos hablan de por qué se divorciaron tus padres.

2

Participar de lo que sucede aunque no estés de acuerdo. En el caso de los comentarios de tus amigos, unirte a ellos y discutir el tema. O,

3

Buscar nuevas posibilidades que te permitan cambiar lo que sucede o tener una actitud que te haga sentir mejor: por ejemplo, pedir a tus amigos que no hagan comentarios que te duelan, pues la separación es un tema de tus padres... ¡Mejor hablar de otra cosa!

LO QUE PIENSAN LOS ABUELOS

> **Lo que sucede ahora entre tus abuelos y tus padres no tiene por qué cambiar tu relación con ellos: te seguirán queriendo igual y siempre serán una parte importante de tu familia.**

Para las familias de tus padres la noticia del divorcio puede ser algo esperado o sorpresivo. Como significa un cambio para toda la familia, tendrán diferentes actitudes: puede que los escuches hablar sobre el tema, que notes que están más pendientes de ti y de ayudar a tus padres en la nueva vida que empiezan; o que se molesten o se preocupen.

En algunos casos, podría suceder que el padre que se va de casa regrese a vivir con tus abuelos durante un tiempo (corto o largo), o que tú te vayas a vivir con mamá a casa de los abuelos. También es posible que éstos ayuden a tus padres a cuidarte: que te lleven y recojan de las actividades y te acompañen en las vacaciones.

Si tus abuelos no están de acuerdo con la decisión de tus padres, y se sienten molestos porque piensan que deberían seguir juntos para siempre, ponte en su lugar y así comprenderás que ven la vida de una manera diferente, pues fueron educados en una sociedad donde no era posible el divorcio. Además, los abuelos también pueden sentirse tristes por lo que sus hijos están viviendo y preferirían que nada de eso estuviese pasando.

Asimismo, puede cambiar la forma en que cada uno de tus padres se relaciona con la familia del otro: ahora mamá no se siente

Aunque veas menos a tus abuelos, puedes seguir cerca de ellos llamándolos por teléfono, enviándoles algunas fotos o regalándoles una hermosa postal.

cómoda estando con la familia de papá ni él con la de ella. Por todo esto, quizás ahora visites a los abuelos maternos con mamá y a los paternos con papá.

¿Qué hacer si...?

Se han dado casos en que los niños escuchan comentarios negativos por parte de sus abuelos acerca de uno de sus padres, atribuyéndole, por ejemplo, la culpa de lo sucedido. Si esto llegara a ocurrirte, pídeles que no lo hagan delante de ti porque te duele. Explícales que los dos son tus padres y los quieres a ambos.

¡Para compartir con los abuelos!

Tus abuelos cuidaron de tus padres cuando eran niños y les enseñaron muchas de las cosas que ahora ellos te están enseñando a ti. Por eso te pueden contar una parte de la historia de tu familia. Con ellos puedes:

1 Descubrir historias curiosas de cómo era la vida hace muchos años, cuando ellos eran pequeños.

2 Saber de dónde vienen muchas de las costumbres y tradiciones de tu familia.

3 Conocer anécdotas graciosas de la vida de tus padres cuando eran niños.

4 Hacer el árbol familiar incluyendo a tus padres, tíos, abuelos, tatarabuelos… y así conocer a tus antepasados.

5 Seleccionar las fotos más importantes y hacer un álbum de recuerdos para toda la familia.

6 Preparar sus recetas de cocina preferidas y hacerlas después con tus padres.

7 Escribir una lista de dichos y frases típicas de los abuelos.

de una a dos casas

De aquí para allá y
de allá para acá…
¡complicado, pero
al final, divertido!

"Como mis padres no pudieron volver a hablarse sin pelear, ir de una casa a otra era un lío: mamá nunca sabía si papá nos iba a recoger en el colegio y papá no sabía a qué hora debía llevarnos a la otra casa. Hasta que inventamos una agenda y siempre la llevábamos con nosotras. Ahora todos sabemos qué va a suceder"

JULIANA

LA VIDA EN DOS CASAS

Tener dos casas es una situación nueva para ti, y como muchas otras que puedes haber vivido tiene aspectos positivos y negativos. Algo que puede incomodarte mucho es tener que trasladarte y llevar tus cosas de un lugar a otro. Es normal que al principio te sientas extraño y haya un poco de desorden. Puede que se te olviden los cuadernos en casa de mamá y no lleves el cepillo de dientes a la de papá, o al contrario. Poco a poco irás aprendiendo a organizar estos pequeños detalles.

También puedes sentirte raro cuando regreses a la casa de tu otro padre, estar molesto sin razón o desear quedarte solo por un rato. Esto ocurre por muchas cosas: no te sientes cómodo, estás triste y con rabia por tener que separarte de nuevo de papá o de mamá. Quisieras estar con los dos al mismo tiempo.

Si te sientes molesto al momento de cambiar de casa y tus padres no entienden qué te está sucediendo, diles que necesitas un tiempo para estar solo en tu cuarto, escuchar un poco de música y arreglar tus cosas. Dentro de un rato te sentirás a gusto en casa y volverás a ser el mismo de siempre.

Lo que hace más difícil vivir en dos casas

Cuando tus padres se pelean y no pueden hablarse

Cuando esto ocurre pueden presentarse malentendidos, por ejemplo: no tener claro quién, dónde y a qué horas deben recogerte. Tampoco se pueden hacer cambios en los horarios establecidos cuando hay un evento especial o imprevisto, y es posible que tengas que adivinar lo que cada uno piensa. **Pídeles que se comuniquen directamente.**

Cuando uno habla mal del otro

Si uno de tus padres te habla mal del otro, no sabes qué hacer o decir. No te es posible respaldarlos a los dos al mismo tiempo y te sientes mal en ambas casas. **La mejor respuesta es: "Yo os quiero a los dos, lo que no quiero es formar parte de vuestras peleas".**

Cuando tus padres te piden que guardes secretos

Uno de tus padres podría pedirte que no digas al otro algo que te ha contado o que tú sabes. Por ejemplo, puede decirte "no le cuentes a mamá que vamos de viaje" o "no digas a papá que tengo un amigo nuevo". Es como si vivieras cuidando un tesoro, con miedo de incumplir el compromiso de no revelarlo. Guardar estos secretos es algo que puede resultar muy complicado, porque no puedes hablar tranquilamente en ambas casas sobre lo que pasa en tu vida. **Por esto, cuéntales a tus padres cómo te sientes y diles que no te pidan que guardes sus secretos: "Por favor, no me lo cuentes".**

Cuando tus padres incumplen

Puede pasar que uno de tus padres no cumpla los compromisos que tiene contigo y llegue más tarde de lo acordado, o que olvide ir a buscarte a casa de un amigo. Entonces no sabes cómo planear las actividades y distribuir tu tiempo. **Pídele que te explique lo que ha pasado y cómo puede reprogramar su horario para estar contigo. Hazle saber que es importante que te avise si se va a demorar, para que tú estés tranquilo. Ten siempre a mano los teléfonos de papá, mamá, los abuelos o tíos a quienes puedas llamar para que te recojan si se presenta algún imprevisto.**

Cuando tus padres están muy tristes

Es posible que tus padres estén muy tristes cuando cambias de casa. Eso hace más difícil tu despedida. **Si esto ocurre dales un gran abrazo y diles cuánto los quieres. Si te quedas preocupado, llámalos un rato más tarde para saber cómo están. Recuerda que ellos son adultos y saben cuidar de sí mismos.**

Cuando no puedes invitar a tus amigos

Quizá no te sea posible invitar amigos a la casa nueva de papá o mamá, porque es muy pequeña o no les gusta que lo hagas. **De ser así, habla con ellos para encontrar una solución que te permita poder estar con todos.**

Cuando uno de tus padres no te deja ir a casa del otro

A pesar de los acuerdos entre tus padres sobre el tiempo que estarás con cada uno de ellos, es posible que no te permitan ir a una de las casas porque hay diferencias entre ellos sobre lo que vas a vivir cuando estás con el otro. **Entonces hazles saber que éstos son problemas suyos y que tú tienes derecho a estar con ambos.**

Cuando uno de tus padres no tiene un lugar o un horario fijo para estar contigo

Por su trabajo o por situaciones especiales, es posible que uno de tus padres no pueda tener un horario o una casa fija para que estés con él. Esto puede ocurrir si papá o mamá tienen trabajos que no les permiten estar contigo durante unos días determinados, y tú no sabes cuándo lo verás de nuevo. **Si pasas por esta situación, aprovecha al máximo el tiempo que estás con ellos y pídeles que hagan un horario semanal tentativo de encuentros. Modifícalo de acuerdo con los cambios en los horarios de tus padres.**

Cuando uno de tus padres se va a vivir lejos

Puede suceder que, después del divorcio, uno de tus padres deba trasladarse a otra ciudad o país por compromisos de trabajo o porque decide estar cerca de su familia, que vive en otro lugar. Para ti significa que el tiempo que compartirás con él será diferente. Lo más probable es que estéis juntos durante tus vacaciones y cuando pueda venir a visitarte. **Usa tu imaginación y encuentra otras formas de mantenerte cerca: habla por teléfono con él, escríbele una carta o un correo electrónico; comunícate por chat o graba tu partido de baloncesto y envíale el vídeo.**

CUANDO NO SE QUIERE CAMBIAR DE CASA

A pesar de que quieras estar con uno de tus padres, puedes sentir que no deseas ir a su casa. Es como si te tiraran de ambos brazos a un tiempo. Por un lado te sientes triste y no quieres irte, mientras que, por el otro, estás feliz de ver a tu otro padre y deseas compartir ese momento con él.

¿Por qué a veces no quieres ir?

Existen muchas razones por las cuales a veces no quieres trasladarte de casa. Conocerlas te ayudará a superarlas y poder estar tranquilo en las dos casas. Algunas de estas razones son:

- No quieres dejar solo a uno de tus padres.
- Estás cansado de tener que hacer la maleta de ida y vuelta.
- No sabes qué decir o hacer con papá o mamá.

- No te gusta la nueva amiga de papá o el nuevo amigo de mamá y ellos siempre están juntos.

  - No puedes estar con tus amigos.

    - Tienes miedo de que papá o mamá te regañe.

      - Papá o mamá llega tarde a por ti en la noche o muy temprano por la mañana y no quieres salir a esa hora.

        - Uno de tus padres no cumple las fechas acordadas para estar contigo.

          - Crees que papá o mamá es el culpable de la separación y no quieres estar con él o con ella.

Para papá o mamá es difícil entender por qué no quieres irte con ellos. Equivocadamente, pueden sentir rechazo y miedo de que ya no quieras estar cerca y esto puede llevarlos a reaccionar de muchas maneras. Tal vez te obliguen a salir, se pongan violentos o tristes y se vayan, o te digan que no te van a ver ese fin de semana. **Por eso es importante que les expliques lo que sientes y lo que te está pasando.**

Cambia el círculo

Lo que sientes, piensas y haces puede llevarte
a entrar en un círculo negativo que funciona así:

SIENTO
No quiero ir a la otra casa

PAPÁ REACCIONA
Molesto o triste porque no voy

PIENSO
No lo voy a pasar bien

ACTÚO
Le digo: no voy a ir

Este círculo negativo se va repitiendo, pues la reacción te hace sentir mal y vuelve a empezar. Tú puedes aprender a cambiarlo para sentirte mejor:

SIENTO
No quiero ir a la otra casa

PAPÁ REACCIONA
Contento de estar conmigo

PIENSO
Quiero estar con papá

ACTÚO
Lo abrazo cuando llega a por mí

Cuando cambiamos el círculo, lo que hacemos y la reacción de los demás nos hacen sentir bien y así empezamos otro círculo positivo.

CÓMO HACERLO MÁS FÁCIL

Para hacer más fácil la vida en tus dos casas, es importante que aceptes que las dos son diferentes. No sólo tienen una decoración distinta y la comida allí la preparan de otra manera, sino que también es probable que no puedas hacer las mismas cosas y las reglas no sean iguales. Todo eso demuestra que tus padres piensan distinto y que ahora que están separados cada uno organiza su vida a su manera. Seguramente esto no sucedía cuando vivían juntos, ya que muchas cosas las planeaban entre los dos. Piensa que ésta es una oportunidad para conocer dos mundos y descubrir lo mejor de cada uno.

Pequeñas grandes diferencias

Vivir con estas diferencias requiere aprender a entrar en sintonía cuando llegas a cada casa. Para lograrlo, puedes hacer una lista de lo que se permite en cada una y pegarla en la nevera o en tu cuarto. Así podrás leerla y recordarlo todo en el momento en que llegas. También puedes contar a papá y a mamá cuáles son las normas de la otra casa y cómo te sientes con ellas. Quizá puedan enseñarte algunos trucos que te ayuden a adaptarte a las dos casas. Lo que no es una buena idea es tratar de cambiar las normas diciendo: "En la casa de… sí puedo…". Y lo más importante: **prepárate para los cambios y disfruta la diferencia**.

¿Cómo hacer tuya la nueva casa?

Sentir la nueva casa como un lugar propio, seguro y acogedor requiere tiempo y trabajo en equipo con papá o mamá.
Pero ¿qué te hace sentir que estás en casa?

Además del afecto de papá o mamá, sientes que estás en tu casa porque allí tienes tu cama y un lugar especial para tus cosas; puedes dejar alguna ropa, el pijama, el cepillo de dientes, tu jabón y tu champú, para no tener que llevar maleta; guardas algunos objetos especiales que te gustan mucho y juegos para divertirte. Además, puedes hablar con tu otro papá sin importar en qué casa estés, y tener su foto en tu cuarto.

Tú y tus padres también habéis inventado rutinas especiales como mimarse y conversar en la cama antes de apagar la luz. Y, además, puedes invitar a tus amigos.

Para seguir cerca del padre con el que no estás

Puedes hablar todos los días con él por teléfono o a través de una webcam y contarle muchas cosas; escribirle correos electrónicos para que sepa cómo ha sido tu día; enviarle un mensaje de texto o de voz diciéndole cuánto lo quieres o grabar un momento agradable en el que estéis los dos; también pasar unas horas con él en la oficina y tener un día fijo a la semana para estar juntos. ¡Compartir muchos momentos de la vida es el secreto para seguir unidos!

Durante el tiempo que estés con ellos…

Hay muchas actividades que puedes realizar con papá y mamá que te permitirán disfrutar el tiempo que paséis juntos:

- Cocinar.

- Practicar algún deporte que les guste a los dos.

- Ver una película en la casa o en el cine.

- Recordar anécdotas de cuando ambos eran pequeños.

- Leer un libro que les interese a los dos.

- Reparar cosas rotas.

¡Organízate para el traslado!

Algunas cosas que debes tener presente en los cambios de casa:

1 Haz un calendario y marca los días que cambiarás de casa.

2 Aclara quién te recogerá, dónde y a qué hora.

3 Pregunta qué actividades van a realizar para saber qué necesitarás.

4 Haz una lista de las cosas que vas a llevar a la otra casa. Después de hacer la maleta guarda la lista para que no olvides nada al regresar.

5 Ten un lugar especial en cada casa para colocar tus cosas cuando llegas.

6 Un tiempo antes del cambio de casa, imagina cómo será el encuentro con papá o mamá, y lo bien que te sentirás.

7 Piensa en algo especial que quieras contarles al encontrarte de nuevo con cada uno de ellos.

8 Quédate un rato solo cuando llegues a cada casa, pues esto puede ayudarte a sentirte a gusto en ella.

MISIONES NO APTAS PARA NIÑOS

Cuando tus padres se divorcian, sin darse cuenta, quizá tengan actitudes que te atrapan en medio de sus dificultades: delante de ti hablan mal, critican o culpan al otro. Esto podría obligarte a tomar partido y a decir quién es bueno y quién es malo. También puedes encontrarte en la situación de tener que cumplir ciertas misiones que no te agraden y a las cuales te resulta difícil negarte.

Algunas de esas misiones son:

MENSAJEROS

Cuando tus padres no pueden comunicarse directamente, puedes verte obligado a llevar y traer mensajes: mamá puede pedirte que le digas a papá que debes quedarte con él un fin de semana porque ella se va de viaje. Aunque esto parece sencillo, ¿qué pasa si olvidas decirlo? ¿Qué haces si papá se molesta con la noticia?

No te recomendamos llevar mensajes entre papá y mamá cuando:

● Sabes que podrían iniciar una discusión entre tus padres o hacer que quien los recibe se sienta mal.

Enseña a tus padres otros servicios de mensajería

Si tus padres no pueden hablar directamente, diles que busquen otras maneras para comunicarse:

● Escribirse a través del correo electrónico.

● Hablar a través del chat.

● Enviarse un fax o notas escritas en un sobre cerrado.

● Buscar a un adulto en el que confíen y que haga de intermediario entre los dos.

● Necesitan respuesta, y esto puede ocasionar confusiones y malentendidos.

● Son una crítica al otro o cuestionan su comportamiento.

● Están relacionados con dinero.

● Significan cambios importantes en los días que vives con cada uno.

● Piden transformaciones en la forma de vida del otro y en sus amistades.

● Critican y cuestionan las normas de la otra casa y las nuevas amistades de tus padres.

● Cualquier otro mensaje que no te siente bien repetir.

En todos estos casos, tienes el derecho de decir: "No me pidas que lleve ese mensaje".

Hay muchas cosas para contar que no son mensajes

Hay muchas cosas que puedes compartir con tus padres sin ser mensajero. Todo lo que sucede en tu vida les va a interesar a los dos. Por ejemplo, les gustará compartir contigo que ha nacido un nuevo primo en la familia de papá, que un amigo tuyo se va a vivir lejos, que a mamá le han dado un premio en su trabajo o que has redecorado tu otro cuarto.

ESPÍAS

Puedes verte en la situación de ser un espía. No se trata de que te disfraces de James Bond y te encargues de una misión, sino de que busques saber lo que sucede en la vida de uno de tus padres para contárselo al otro. Esto pasa cuando uno de ellos (o ambos) quiere enterarse de lo que pasa en la otra casa (las personas que van de visita, las cosas que compran y el dinero que gastan). Investigan porque sienten curiosidad o porque todavía no han podido acostumbrarse a que el otro ya no sea su pareja y lleve una vida independiente. Entonces hacen preguntas a través de ti y, por supuesto, tú eres el encargado de buscar y entregar la información.

¡Es tentador ser espía!

Es fácil ser espía y puedes sentir que te trae beneficios. Cuando papá te pregunta algo sobre mamá y tú le das la respuesta, se crea una cierta complicidad entre los dos. Lo mismo pasa en el caso de mamá. Sin embargo, luego puedes sentir que los has traicionado. Por eso no debes entrar en este juego de espionaje. El respeto por la vida privada de los demás es algo que debemos tener siempre presente.

¿Todas las preguntas que hacen los padres son de espía?

Solamente las que buscan conocer la vida íntima del otro, como por ejemplo: "¿Estuvo la amiga de papá con vosotros este fin de semana?" o "¿mamá invitó a su nuevo amigo a cenar a casa?" son preguntas para espías. En cambio, "¿cómo estuvo la película a la que fuisteis con papá?" o "¿qué comisteis hoy con mamá"? no son de espía. Son preguntas que muestran el deseo de tus padres por seguir presentes en tu vida y no buscan información sobre la vida del otro.

Antídoto contra el espionaje

Cuando papá o mamá te hagan preguntas de espía, puedes:

● Decirles que ésa es una pregunta para los de *Misión Imposible*.

● Darles un papel y un lápiz para que las escriban y las envíen.

● Responderles algo como: "Fácil, llama a su oficina y le preguntas".

● Cuéntales que esa información está en su archivo personal.

CONFIDENTES

En algunos casos, puede ocurrir que tus padres te cuenten con gran detalle todo lo que sucede entre ellos y las dificultades que tienen. Puede que incluso te pidan opinión o consejo. Ésta es una misión difícil, pues cuando tratas de ayudar a uno de tus padres siendo su confidente, puedes verte obligado a retirar el apoyo al otro y sentir que lo estás traicionando.

Recuerda que tienes el derecho de decirles que hablen de estos temas con otros adultos, pues para ti es doloroso conocer sus problemas.

MOMENTOS ESPECIALES PARA ESTAR TODOS JUNTOS

A pesar del divorcio, tus padres van a estar juntos en muchos momentos importantes de tu vida. Por ejemplo, van a recoger tus notas al colegio, a tus presentaciones de teatro o te acompañan cuando estás enfermo. **Las celebraciones también pueden ser oportunidades para compartir tiempo con los dos**. Éstos son momentos importantes que vives en familia y que recordarás siempre.

Puedes participar en la organización de las celebraciones, y ayudar a tus padres a pensar cómo hacerlas: el lugar, a quiénes de la familia invitar y qué comida ofrecer. Estas fechas importantes de tu vida, como tu cumpleaños, son momentos para compartir también con tus abuelos, tíos, primos y demás familia.

Algunos padres prefieren tener celebraciones separadas porque desean cosas diferentes o porque entre ellos hay problemas cuando están juntos; otros padres logran manejar sus dificultades y hacen una sola celebración. **Tú vas a poder compartir estos momentos con los dos, al tiempo o por separado, aun cuando ya no vivan juntos**. Celebrar tu cumpleaños, Navidad y Año Nuevo, aunque ahora sea diferente, son cosas que te harán sentir feliz.

Podéis reuniros todos para celebrar algunas tradiciones, como almorzar juntos el día de tu primera comunión o tu graduado escolar, pero es posible que otras cambien después del divorcio. Por ejemplo, puede que mamá ya no te lleve el desayuno a la cama el día del cumpleaños, y únicamente almuerces en casa de los abuelos los domingos que estás con papá, o que no se prepare pavo para la cena de Navidad. **Papá y mamá pueden tener costumbres diferentes ahora, y lo más importante es que tú aprendas a disfrutar de todas.** ¡Ah! Y no dejes de usar tu imaginación inventando nuevas tradiciones: si siempre habías querido cocinar con papá el domingo durante el desayuno, éste puede ser un buen momento para hacerlo.

cuando la familia crece

¡Los míos, los tuyos
y los nuestros…
una mezcla rara que
puede funcionar!

"Al principio me desesperaba que los hijos del nuevo marido de mamá entraran en mi cuarto y usaran mis cosas sin permiso… Pero hablé con mamá y no volvió a pasar"

FELIPE

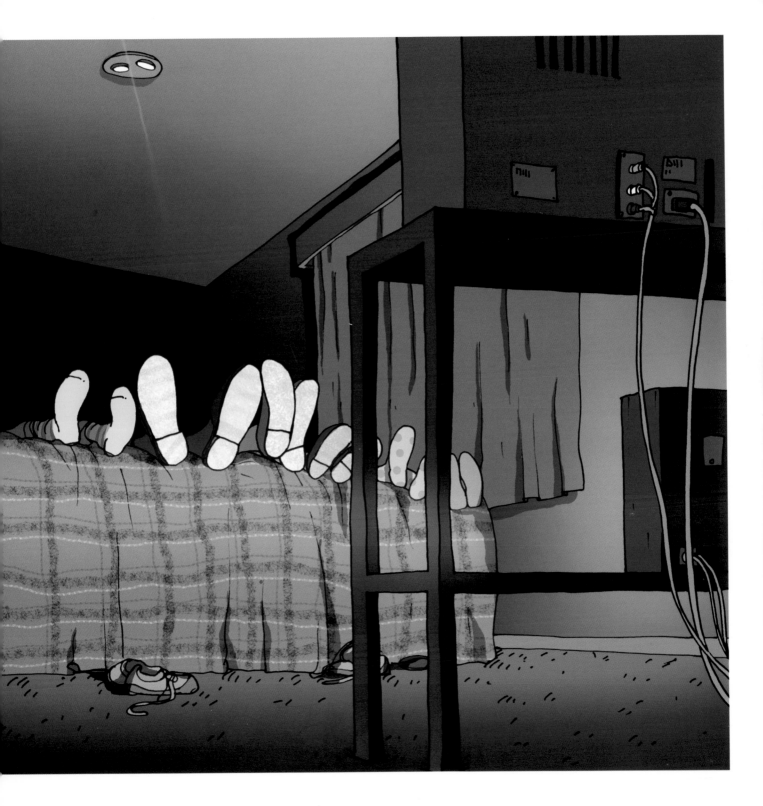

LOS AMIGOS Y LOS NOVIOS DE PAPÁ Y MAMÁ

Aunque es posible que al principio no salgan con nadie y se queden en casa, los amigos de tus padres son importantes para ellos. Son personas de su misma edad, les interesan las mismas cosas y comparten actividades que les ayudan a adaptarse a la nueva vida que acaban de comenzar.

Si has pasado un tiempo con tus padres después del divorcio, ya sabes qué es tener a papá y mamá sólo para ti. Muchas cosas te han unido a cada uno de ellos, como dormir y comer juntos, conversar por las noches, alquilar una película y verla bajo las mantas. Estar tan cerca de tus padres, aunque no vivan en la misma casa, te ha ayudado a reencontrarte con ellos y a superar la tristeza que sientes por el divorcio.

Pero, cuando todo parece estar mejorando, tus padres empiezan a salir, a verse con nuevos amigos y a disfrutar de su compañía. Puedes sentir y pensar muchas cosas, como que este nuevo amigo de mamá o la nueva amiga de papá está participando y transformando la vida de tu familia; preguntarte: "¿De dónde han salido estas personas?", "¿dónde las han conocido?" o "¿de ahora en adelante todo lo van a hacer con ellos?". También puede inquietarte saber si es posible que lleguen a ser novios o a vivir juntos y qué pasaría si esto sucediera. Si te encuentras en esta situación, **es muy importante que hagas a tus padres todas las preguntas que te den tranquilidad acerca de lo que podría llegar a ocurrir en el futuro.**

Éste no es un amigo normal

Cuando aparece un amigo especial en la vida de tus padres las cosas parecen complicarse. Ellos se sienten muy cómodos en su compañía, pero para ti son perfectos extraños. Al principio puede resultarte novedoso y hasta divertido… pero cuando los encuentros ya no son ocasionales sino muy frecuentes… ¡las cosas se enredan! Entonces surgen preguntas: "¿Por qué lo necesita a él si nos tiene a nosotros?", "¿por qué siempre tiene que venir cuando salimos con papá?", "¿por qué ya nunca hemos vuelto a estar solos con mamá?", "¿por qué ella decide siempre a dónde vamos el domingo?"

Lo que no te gusta

También podría pasar que no te agrade la forma en que papá o mamá y su nuevo amigo o su nueva amiga se comportan, te sorprende verlos enamorados: salen a comer, van al cine, se visitan y conversan animadamente durante horas. Y de nuevo sientes y piensas algo parecido a aquello que sentiste y pensaste cuando tus padres iniciaron el proceso de divorcio: miedo, tristeza o rabia.

Es posible que ésta sea la razón por la cual prefieres ausentarte cuando los dos están juntos. Incluso puedes llegar a pensar que no está bien que papá o mamá se comporten con otra persona tal y como lo hacían con su pareja cuando estaban casados. O que no te guste para nada la idea de que esa relación acabe en un nuevo matrimonio y tengas que vivir con un extraño en casa. O que la nueva pareja de mamá o papá no te parezca agradable y muestres tu desacuerdo haciendo algunas cosas para que se desanime, como portarte mal, por ejemplo.

> La adaptación a los cambios que están sucediendo en tu vida será más rápida y fácil si esperas que sucedan cosas buenas.

Cuando te gusta

Pero esta nueva persona en la vida de tus padres o en la vida de uno de ellos no sólo puede generar en ti estos sentimientos negativos; podría ocurrir también que te sientas feliz de que alguien más llegue a compartir la vida de tu familia. Tú, como muchos niños, puedes sentirte bien con el novio de mamá o la novia de papá y llegar a quererlos como a otros amigos cercanos a la familia, disfrutar cuando están juntos y hasta contarles tus cosas.

Que te sientas bien o mal, indiferente o confundido, es normal. No siempre es fácil compartir el amor de tus padres con alguien que no conoces mucho. La aceptación de nuevas personas en tu familia es un proceso que lleva tiempo, y es a la vez una gran oportunidad para compartir muchas experiencias: te permite conocer un mundo más amplio y variado, donde cada uno ocupa un lugar diferente. **Ver a tus padres felices será la mejor motivación para que aceptes que si han decidido comenzar una nueva relación es porque están a gusto y contentos.** Además, siempre es bueno saber que alguien quiere a los padres de uno y que se preocupa por ellos.

La reacción del otro papá

Uno de tus padres puede reaccionar negativamente ante el noviazgo del otro, hablar mal de esa persona y hasta desear que tú no la quieras. Cuando ves a uno de tus padres triste o preocupado por la nueva vida del otro, quizá sientas que debes ser solidario con él y rechazarla para no traicionarlo. Pero, por el contrario, aceptar estas nuevas personas será beneficioso para ti y para toda tu familia. **Estas reacciones de los padres pueden presentarse en el proceso de transformación de tu familia y sólo pueden ser resueltas por ellos; aunque tú quieras, no puedes hacer nada para solucionarlas.**

El pensamiento es un arma poderosa

Los buenos pensamientos nos ayudan a sentirnos mejor y a tener una actitud positiva ante lo que nos está pasando. Por eso…

RUEDA TU PROPIA PELÍCULA

Imagina que eres un director de cine: estás contratado para filmar una fabulosa película sobre lo que está sucediendo en tu familia, y tú eres el protagonista. Escoge con todos sus detalles los lugares donde vas a grabar, contrata a los actores y decide cómo van a actuar. Empieza a definir todas las escenas viendo en cada capítulo un buen final. Disfrútala y trata de llevar algo de esta experiencia a tu vida diaria.

CUANDO LOS PADRES SE CASAN DE NUEVO

Es lógico pensar que si la relación de tus padres con sus nuevas parejas les brinda felicidad, ellos quieran compartir sus vidas. Cuando esto sucede, y mamá o papá decide vivir con otra persona, puedes tener inquietudes y querer hacerles muchas preguntas. Es importante que converses con tus padres sobre todo lo que quieras saber acerca del impacto que esta decisión tendrá en tu vida.

Hasta ahora tu familia estaba formada por tus padres, tus hermanos y tú. **Con el nuevo matrimonio de uno de tus padres, o de ambos, tu familia crece y se transforma.** Cuando una o dos personas divorciadas y con hijos se van a vivir juntos, nace una familia que llamaremos **familia ampliada**. Ésta es una familia más grande, a la que ahora pertenecen otros miembros: tú, tus padres, sus nuevas parejas y los hijos que ellas hayan tenido antes, que ahora serán tus hermanastros.

Como la familia ampliada es más grande, para que pueda funcionar debes conceder un lugar a cada una de las personas que la componen: tus padres ocuparán

La ceremonia

Si alguno de tus padres decide casarse en una ceremonia formal, quizá te preguntes si es necesario que asistas. Ahora bien, es importante que vayas, pues significa acompañar a papá o mamá en un momento especial de su vida. Para ti es el primer paso para empezar a aceptar este nuevo matrimonio. Es normal que te sientas triste, celoso o con rabia, pero lo importante ahora es que hagas algo para estar mejor: puedes detener tus pensamientos negativos y cambiarlos por otros positivos.

el de papá y mamá, tus hermanos el que siempre han tenido y tendrán, las parejas de tus padres el de nuevos esposos, y sus hijos el de hijos de éstos.

Vivir en la misma casa

El nuevo grupo familiar es parecido y diferente al que formaban tus padres, tus hermanos y tú cuando vivíais juntos. Se parece en que todos viven en la misma casa, comparten algunas cosas, tienen sus propias normas, van de vacaciones, almuerzan juntos algunos domingos, y los miembros tienen deberes. Pero es diferente porque las personas de esta familia vienen de otras familias que tenían sus propias reglas y su propia forma de hacer las cosas, y porque no tienen todos los mismos lazos biológicos o de sangre, como cuando la familia erais sólo tú y tus padres.

Cuando todas estas personas, entre las que te incluyes tú, comienzan a vivir en la misma casa, deben aprender una nueva forma de compartir y de relacionarse. Para eso es necesario conocerse y descubrir, entre otras cosas, qué les gusta comer, qué música prefieren y cuáles son sus programas de televisión favoritos, qué les molesta y cómo se sienten contigo. Como en el momento en que naciste, la vida de tus padres cambió y poco a poco fueron aprendiendo a conocerte y a vivir contigo.

Es posible que en esta nueva etapa cambien algunas de tus rutinas y normas: quizá tengas que compartir el cuarto con tus hermanos o hermanastros, pedir permiso cuando antes no tenías que hacerlo, acostarte antes, comer más tarde; o que cambien los horarios,

La nueva casa

El nuevo matrimonio significa reorganizar la vida de tu familia y de las personas que llegan. Es posible que la nueva pareja y sus hijos, si los tienen, vayan a vivir a tu casa o se muden a otra más grande donde puedan acomodarse todos.

Si participas de este proceso y ayudas a la mudanza, podrás acomodar tus cosas y arreglar tu lugar como desees.

Una nueva etapa

Una vez que todos estáis viviendo en la misma casa, empieza otra etapa en la vida de tu familia que requiere del esfuerzo de todo el grupo, ya que tendréis que hacer frente a muchos retos para aprender a vivir juntos. Por ejemplo, entender que ahora habrá turnos para usar el baño, que hay que pedir prestadas las cosas antes de cogerlas, o adaptarse a nuevos sabores y maneras de preparar las comidas.

los permisos que te dan y los momentos que compartes únicamente con papá o mamá.

Seguramente sentirás que es difícil vivir feliz con personas extrañas y con tantos cambios. **Con el tiempo, un poco de esfuerzo y el apoyo de las personas cercanas que te quieren, vas a descubrir que también las cosas nuevas son divertidas y que todos juntos podéis pasarlo bien: te vas a sentir como pez en el agua en esta nueva familia.**

TODOS EN LA MISMA CASA

Piensa que aun cuando el nuevo matrimonio no haya sido tu decisión y tal vez no estés contento, todos merecemos una oportunidad.

Ser padrastro o madrastra no es nada sencillo; puede que hayas escuchado de algunos de tus amigos que no se llevan muy bien con ellos, y de otros que se sienten cercanos a los nuevos esposos de sus padres y los quieren como si siempre hubiesen formado parte de su familia.

De la misma manera que no es fácil para los esposos de tus padres su nuevo papel, para ti tampoco lo es; entre otras cosas, podrías pensar que van a querer reemplazar a tus padres. Así que, para protegerte y proteger la relación con tus padres, no les permites intervenir en tu vida: no dejas que te den órdenes, te inviten o sepan nada de ti.

Quizá les digas algo como "tú no eres mi padre" o "tú no eres mi madre". Aun cuando es verdad, ellos tratan de ayudarte; ahora son los compañeros de tus padres y forman parte de la misma familia. Pero, si te molestan ciertas cosas, habla con tus padres para llegar a un acuerdo con sus nuevos compañeros sobre cómo tratarte. Mientras tanto, evita las groserías: ser grosero no te hará bien ni a ti ni a la relación que tienes con tus padres ni con los nuevos miembros de la familia.

Si las nuevas parejas de tus padres tienen hijos de anteriores matrimonios, compartirás algún tiempo con ellos: puede ser divitido y que disfrutes de los momentos compartidos, o puede parecerte, en un principio, algo incómodo, pues apenas los conoces.

Pero, si las nuevas parejas de tus padres no tienen hijos, quizá sea diferente: no saben cómo tratarte (y a veces sientes que son un poco bruscos), ni qué cosas gustan a los niños de tu edad. También puede ocurrir que sean cariñosos y amables y que, por no tener hijos, te puedan dedicar todo su tiempo.

Si no son nuevos padres, ¿qué son?

Estas nuevas personas que llegan a tu familia son las nuevas parejas de tus padres; papá sigue siendo papá y mamá será siempre mamá. El nuevo matrimonio no cambia los lazos que hay entre tú y tus padres. Sin embargo, tu padrastro o tu madrastra pueden llegar a convertirse en buenos amigos tuyos, quererte, ayudarte. A algunos niños incluso han llegado a parecerles que son como otros padres, y hasta han encontrado formas cariñosas de llamarlos.

¿Y si siento que las nuevas parejas de mis padres no me quieren?

Quizá creas que ellos no te quieren porque no se comportan como a ti te gustaría. Sientes que no están tan pendientes de ti, no son cariñosos, no te consultan algunas decisiones, ni cuentan contigo para hacer planes. Recuerda que no todas las personas expresan su afecto de la misma manera: tal vez mamá te lo diga abrazándote mucho y la mujer de papá lo haga preparándote tu comida preferida. Si después de un tiempo sigues sintiendo que no te quieren, habla con papá para buscar juntos una solución.

Cosas que te pueden ayudar a llevarte mejor con las nuevas parejas de tus padres:

1 Ser educado y respetuoso, aun cuando no te sientas bien en su compañía.

2 Darles y darte la oportunidad de conoceros.

3 Tener presente que nunca van a reemplazar a tus padres.

4 Reconocer lo que sientes por ellos y aceptar el tiempo que quieres o tenéis que compartir juntos.

5 Invitar a un amigo para que te acompañe en algunos planes familiares.

6 Pensar en tres cosas que te gustan de estas personas.

7 Conversar con papá o mamá sobre lo que te hace sentir incómodo y ver qué cambios se pueden hacer.

8 Preguntar todo lo que quieras saber sobre sus parejas, a papá, mamá o a ellas mismas.

LA LLEGADA DE UN HERMANITO

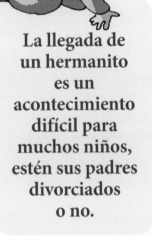

La llegada de un hermanito es un acontecimiento difícil para muchos niños, estén sus padres divorciados o no.

La llegada de un bebé a tu familia es un gran acontecimiento para todos. Puede que te sientas feliz al saber que tendrás un hermanito, sobre todo si eres hijo único, o puede que no te alegres tanto con la noticia por creer que el bebé ocupará todo el tiempo de papá o mamá, y sientas celos.

Pero no tengas miedo. Tú ocupas un lugar especial en el corazón de tus padres, de la misma forma que lo hará tu nuevo hermano. Como el amor es infinito y no se acaba, para querer al bebé no tienen por qué dejar de quererte. Cada vez que quieres a una nueva persona tu corazón crece, y cuantas más personas quieras, más grande será tu corazón. Por eso, tú también puedes querer a muchas personas al mismo tiempo.

Los hijos de papá o mamá con sus nuevas parejas son tus hermanos. Algunas personas los llaman "medios hermanos" pues tienen en común sólo a uno de sus padres. Por ello, quizás no siempre estén juntos. Si tú y tu hermano sois hijos del padre con el que vives la mayor parte del tiempo, habrá días en los que no estarás con él, pues te habrás ido con tu otro padre. Si al contrario, es hijo del padre con el que vives menos tiempo, sólo lo verás cuando sea tu turno con él. Si deseas verlo con más frecuencia, habla con tus padres para ver qué podéis hacer al respecto.

Para estar más cerca de tu nuevo hermano:

- Regálale algo especial.

- Mantén una foto tuya con él en cada casa.

- Léele un cuento antes de dormir.

- Ayuda a bañarlo y a prepararle el biberón.

- Juega con él en el parque.

- Preséntaselo a tus amigos.

- Comparte con él alguno de tus juegos.

Vivas o no con él, lo veas todos los días o sólo de vez en cuando, lo acepte o no tu otro padre, tu hermano y tú podréis tener una relación estrecha y ser buenos amigos. A medida que crezca aprenderá a sonreír, señalar, gatear y hablar, y podréis compartir más. Vas a ser su hermano mayor y alguien muy importante para él; y quizá, cuando se haga mayor serás su modelo, querrá imitarte y hacer lo mismo que tú.

Y no lo dudes: disfrutarás de su compañía.